DES

MARCHÉS A TERME.

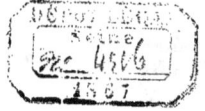

OBSERVATIONS

SUR

LES MARCHÉS A TERME

PRÉSENTÉES

A LA COMMISSION CHARGÉE D'EXAMINER LA QUESTION DES MARCHÉS A TERME

ET CELLE DES INSCRIPTIONS DE RENTE MIXTES [1]

Par M. L. CHEVALIER

MEMBRE DE LA COMMISSION.

(1er juin 1867.)

La Commission a terminé son enquête sur la question des marchés à terme. Avant d'en commencer la discussion, je demande à mes collègues la permission de leur soumettre une opinion toute personnelle, en l'appuyant des considérations que l'étude de nos procès-verbaux m'a suggérées.

Le développement du commerce et de l'industrie et les progrès matériels qui forment un des caractères distinctifs de notre temps donnent à la question remise à l'examen de la Commission une opportunité

---

[1] Cette Commission est composée de MM. ROULAND, Sénateur, Gouverneur de la Banque, *Président ;* LACAZE, Sénateur; BUSSON-BILLAULT, Député au Corps législatif; RICHÉ, Conseiller d'État; GLANDAZ, Conseiller à la Cour de Cassation ; RIHOUET, Président à la Cour des Comptes; O'QUIN, Trésorier payeur général; CHEVALIER, Conseiller référendaire à la Cour des Comptes, *Secrétaire.*

particulière. Lorsque, d'une part, les grands travaux exécutés par l'État, les départements et les communes, les immenses opérations engagées par les compagnies financières, les vastes entreprises réalisées par l'association des capitaux sous les formes variées que la loi consacre aujourd'hui, s'alimentent par le crédit et y font des appels incessants ; lorsque, d'autre part, les mesures adoptées par le Trésor public, les emprunts par souscription nationale, les facilités de disposition et de jouissance assurées partout aux rentes, ont fait passer les placements en valeurs mobilières dans les mœurs du pays, en ont disséminé les titres dans les caisses les plus modestes et les ont fait adopter même par les populations des campagnes, le moment semble venu de rechercher si les conditions dans lesquelles fonctionne l'agent le plus actif du crédit, le moteur le plus énergique de la circulation des valeurs mobilières, *le marché à terme*, donne à ces besoins une suffisante satisfaction et à ces intérêts une suffisante garantie.

Le principe des affaires à terme sur les valeurs mobilières, leur raison d'être se puise dans la double source de la liberté naturelle des transactions et de l'intérêt public.

Tout ce qui est dans le commerce aussi bien les choses futures que présentes, peut être l'objet de conventions. (1)

Les titres et actions sont dans le commerce, comme tous autres biens meubles et immeubles qui n'en ont pas été formellement exclus par la loi. Le droit commun autorise donc à en faire la matière d'obligations à terme et « la liberté du commerce à les vendre ou à les acheter, pour un « terme plus ou moins reculé, comme toutes les autres choses ayant « une valeur vénale. » (2)

L'État a même institué un marché et des officiers ministériels, la Bourse et les agents de change, pour en favoriser la transmission.

Tout le monde sait aujourd'hui que les effets publics et les valeurs industrielles sont des marchandises vénales, au même titre que les autres marchandises ; qu'elles obéissent aux mêmes règles économiques ; que les variations qu'elles subissent sont la conséquence inévitable de la loi générale de l'offre et de la demande ; que tout effort pour en assurer

---

(1) Code Napoléon, art. 1128-1130.
(2) Troplong, *Contrats aléatoires*, n° 102.

la hausse et en arrêter la baisse échoue devant cette loi inexorable. Ce sont là des vérités qu'à une autre époque l'ignorance des ressources du crédit, l'erreur des doctrines sur les éléments de la richesse et l'imperfection des institutions de crédit avaient obscurcies, mais que la science économique, appuyée de l'expérience, a mises depuis longtemps en pleine lumière et au-dessus toute contestation.

Le marché à terme s'exerce librement sur toutes les denrées et marchandises, sur l'huile, le sucre, le savon, etc., la même latitude est due aux marchés à terme sur les valeurs, fonds publics d'États ou titres de sociétés particulières. S'il est loisible au manufacturier de vendre d'avance les produits à venir de son industrie, au cultivateur, les fruits à venir de ses terres, la logique veut que le rentier puisse vendre d'avance les rentes qu'il aura plus tard à sa disposition et que la liberté des transactions sur ces matières soit respectée.

L'intérêt public le réclame également pour répondre aux exigences des affaires et aux nécessités du Trésor.

Ainsi un possesseur de rentes a-t-il un besoin momentané d'argent? il vend au comptant celles qu'il possède et il les rachète en même temps pour la fin du mois courant ou du mois prochain.

Un capitaliste, au contraire, un banquier, un commerçant veulent-ils utiliser leurs fonds, pendant qu'ils en ont la jouissance passagère ou avant de les appliquer à un objet de négoce ou d'industrie? ils achètent des valeurs au comptant et les revendent à terme.

Dans l'un et l'autre cas, l'écart entre les cours de la vente et du rachat, de l'achat et de la revente, autrement dit, entre le comptant et le terme, constitue une *différence* qui n'est, dans ce cas, autre chose que le prix du loyer du capital pendant une période déterminée, loyer qui, dans la langue des affaires, a reçu le nom de *report*.

Mais il peut se faire que, au moment où le rentier a besoin d'argent et offre ses rentes, il ne rencontre aucun capitaliste voulant les acheter; que, au moment où le capitaliste cherche un placement et demande des titres, il ne trouve aucun rentier disposé à les lui vendre ou, tout au moins, sans des conditions onéreuses pour l'une ou l'autre opération. C'est alors qu'intervient utilement le spéculateur toujours prêt à profiter de la hausse amenée par la demande ou de la baisse survenue par l'offre des titres pour les fournir ou les accepter, sur le bénéfice espéré de la différence entre le taux auquel il a vendu ou acheté, et le taux des valeurs au jour de la contre opération ou de la liquidation, et cela, à des conditions que la concurrence rend nécessairement aussi favorables que possible. Grâce à cette combinaison, d'une part, la masse des capitaux est augmentée de toutes ces valeurs devenues de véritables signes représentatifs du numéraire et, d'autre part, le placement des capitaux inactifs est assuré avec toute facilité pour les possesseurs d'en fixer, réduire ou prolonger la durée. Augmentation de signe représentatif, augmentation de capitaux circulants, ce double résultat entraîne à son tour la baisse du prix, c'est-à-dire de l'intérêt des capitaux et fait ainsi du marché à terme l'auxiliaire le plus utile du commerce, le soutien le plus indispensable de l'industrie.

Que l'État ait à contracter un emprunt, ce ne sont pas les capitaux disponibles qui pourront, au comptant, en solder le chiffre : toute l'épargne de la France, à un moment donné, n'y suffirait pas, même dans le système des souscriptions nationales et des petites coupures irréductibles. Il faut que le marché s'y prépare d'avance et réunisse, au moyen des opérations à terme, les capitaux nécessaires; il faut aussi que les marchés à terme, par les remises successives de liquidation en liquidation, donnent à l'épargne le temps de réformer les nouveaux capitaux qui se chargeront d'absorber définitivement les titres provisoirement gardés par la spéculation.

Sans supposer même d'emprunt, la faveur dont jouit la rente à la Bourse, le maintien de ses cours viennent de la facilité de vendre, d'acheter à tout instant autant ou aussi peu de titres qu'il convient et sans grandes variations. Or, par la force des choses, *le classement* et *le déclassement* des rentes ne sont jamais dans une proportion égale, autrement dit, il y a des temps où le public achète plus de rentes qu'il n'en vend et d'autres où il en vend plus qu'il n'en achète. En s'emparant de la différence entre l'achat et la vente du public, au moyen des marchés à terme, la spéculation accomplit une opération toute dans l'intérêt de l'Etat.

Qui ne sait combien les rentiers sont accessibles à des terreurs paniques ! S'ils étaient seuls sur le marché et s'ils n'y trouvaient pas le spéculateur, à la moindre variation de l'atmosphère politique, ils se déferaient de leurs rentes au plus vil prix. Tandis que le spéculateur qui intervient et qui achète a le plus grand intérêt à soutenir les cours, puisqu'il n'acquiert que dans la pensée de revendre à de meilleures conditions.

Ce que j'ai dit des effets publics s'applique sans distinction aux valeurs industrielles. Ni chemins de fer, ni canaux, ni manufactures, ni en un mot, aucune grande œuvre n'est possible dans l'ordre matériel sans un emprunt de capitaux, c'est-à-dire sans une émission de ces titres de créance nommés dans l'usage parts ou actions. Or, pas d'émission considérable de titres sans spéculation ; pas de spéculation sans marché à terme.

Tel est l'objet, telle est la justification des affaires à terme.

Quant aux conditions, je me bornerai à rappeler que ces marchés se contractent de deux manières : soit purement et simplement, c'est le marché *ferme* que les deux parties doivent exécuter, au terme convenu, par la livraison de l'effet et le payement du prix, nonobstant la hausse ou la baisse survenue dans l'intervalle ;—soit sous condition résolutoire, c'est le marché à *prime* qui, moyennant une somme payée comptant par l'acheteur, peut être résolu, s'il lui plaît, en déclarant qu'il abandonne la prime au vendeur.

Dans les deux cas, la formule est la même. C'est un acte signé et fait double entre les deux agents de change par l'intermédiaire desquels s'opère la négociation et qui réserve à l'acheteur — clause sur laquelle j'aurai à revenir — la faculté de prendre livraison *à sa volonté* et d'exécuter ainsi par anticipation, en payant le prix convenu, exécution connue sous le nom *d'escompte*. En cas de prime, ces seuls mots : *dont un, dont un et demi...*, ajoutés au prix, indiquent que l'acheteur a payé 1 fr., 1 fr. 50 c. de prime au vendeur.

Malgré ce caractère d'utilité et cette forme régulière d'engagement, la validité de ces opérations n'est pas assurée comme celle des autres conventions : au point de vue légal, les marchés à terme, exclus du droit commun, sont, encore aujourd'hui, sous un régime d'exception.

Il semble inutile de remonter très-loin dans notre histoire financière pour rechercher l'origine des lois et des usages qui règlent la négociation des effets publics à la Bourse. Sans reprendre depuis la création des bourses de commerce sous Charles IX, ni depuis la séparation des fonctions des courtiers de *banque* et des courtiers *de marchandises* sous

Louis XIII, on peut partir de l'arrêt du Conseil qui, le 24 septembre 1724, a organisé la compagnie des agents de change, en lui confiant la négociation exclusive des *espèces métalliques et des effets de commerce comme des effets publics.*

Rendu quatre ans après la chute du système de. Law, cet arrêt avait surtout en vue d'opposer, par la création d'intermédiaires légaux, une barrière à l'agiotage, jusque-là sans règle et sans limite, où ce célèbre financier avait entraîné après lui toutes les classes de la société.

L'effet n'en paraît pas avoir été sérieux, car soixante ans après, l'agiotage s'étant ranimé à l'occasion de l'emprunt contracté par Louis XVI (1), un arrêt du Conseil vient le 7 août 1785 édicter de nouvelles prohibitions : « art. 7, *déclare nuls* Sa Majesté les marchés et « compromis *d'effets royaux et autres quelconques* qui se feraient à « terme et sans livraison desdits effets ou *sans le dépôt réel d'iceux,* « constaté par acte dûment contrôlé au moment même de la signature « de l'engagement,..... à peine de vingt-quatre mille livres d'amende « au profit du dénonciateur et d'être exclus pour toujours de l'entrée de « la Bourse...» Cependant, pour faciliter les opérations, un autre arrêt du Conseil, en date du 2 octobre suivant, permet qu'il soit « suppléé « au susdit dépôt par ceux qui étant constamment propriétaires des « effets qu'ils voudraient vendre et ne les ayant pas alors entre leurs « mains, déposeraient chez un notaire les pièces probantes de leur « libre propriété. »

Enfin un arrêt du Conseil du 22 septembre 1786, renouvelant les prescriptions des deux arrêts précédents, interdit tout «marché d'effets « royaux ou autres effets publics ayant cours à la Bourse, pour être « livrés à *un terme plus éloigné que celui de deux mois* à compter du « jour de sa date. »

Mais, dès l'année suivante, on avait compris qu'on avait été trop loin. L'arrêt du 14 juillet 1787, tout en confirmant les trois premiers, y apporte deux modifications importantes : 1° il renvoie devant les tribunaux ordinaires les contestations relatives aux marchés à terme qui avaient été attribuées au Conseil d'État; 2° il distingue, dans ces opéra-

---

(1) Édit de décembre 1783.

tions, les manœuvres coupables, qu'il livre à la justice répressive, des actes contraires aux mœurs sans être contraires aux lois, dont il abandonne les auteurs *aux remords, à la honte et au malheur*...

Ainsi la législation antérieure à la Révolution, malgré toute sa sévérité, avait déjà dû composer avec les besoins nouveaux des affaires et les progrès des idées économiques.

La période qui suivit, période de rénovation sociale et de commotions politiques, était peu favorable au développement du commerce ; aussi la loi du 8 mai 1791 ne fit-elle que confirmer les *anciens* règlements.

L'application, d'ailleurs, n'en dut pas offrir un grand intérêt au moment où les lois de consolidation (1) réduisirent des deux tiers les rentes conservées et à une époque dont la fermeture de la Bourse, depuis la fin de 1791 (2) jusqu'au commencement de 1795 (3), prouve que l'activité ne se portait pas vers les affaires.

Avec la sécurité, et surtout avec les assignats, la spéculation reparut. A peine rétablie, la Bourse se vit de nouveau l'objet de mesures répressives.

D'après les lois du 13 fructidor an III et du 28 vendémiaire an IV, tout homme qui sera convaincu d'avoir vendu *des marchandises et effets dont au moment de la vente il ne serait pas propriétaire* est déclaré *agioteur* et puni comme tel (4)... Il est défendu à toute personne de vendre ou d'acheter, *ni de prêter* son ministère pour aucune négociation *à terme* ou *à prime,* sur l'or et l'argent ou les lettres de change, les marchés à termes *déjà interdits par de précédentes lois* tendant à déprécier la *monnaie nationale.* Aucune vente de ces matières ne pourra avoir lieu *qu'au comptant* (5).

Moins d'une année après, la persistance de l'agiotage, favorisé par l'avilissement continu des assignats, attirait encore la rigueur de la loi du 2 ventôse an IV, qui interdit toute opération sur espèces métalliques

---

(1) Création du grand-livre. — Loi du 24 août 1793.
(2) Le 27 juin 1791.
(3) Loi du 6 floréal an III (25 avril 1795).
(4) Loi du 13 fructidor an III (30 août 1795), art. 3.
(5) Loi du 28 vendémiaire an IV (20 octobre 1795), art. 15, chap. I, et art. 3, chap. II.

ou assignats, non appuyée d'un certificat de dépôt chez un agent de change ou un notaire (1).

En dégageant ces lois de la rigueur excessive qui tenait aux circonstances et qui y imprime le sceau de leur époque, on y retrouve les anciens arrêts confirmés dans leurs principes, dépassés même dans leurs conséquences et appliqués dans toutes leur prohibitions, non seulement aux effets publics, mais aussi aux marchandises.

Quelques années plus tard, le calme étant revenu, les Codes étaient publiés.

Le Code civil ne contient aucune disposition spéciale sur la question ; mais, statuant d'une manière générale par ses articles 1965 et suivants sur le jeu et le pari, il soumet implicitement au droit commun les opérations de Bourse qui en présenteraient le caractère, mais sans rattacher à aucune condition la preuve ou la présomption de jeu.

Le Code de commerce (2) est muet sur les marchés à terme : il énonce seulement, dans son art. 90, qu'il sera pourvu par des règlements d'administration publique à tout ce qui est relatif à la négociation des effets publics. Mais ce règlement dont l'effet devait être *d'ajouter au bienfait de la loi* et, de faire *cesser toutes les incertitudes des tribunaux sur cette matière* (3), n'a jamais été publié.

C'est au Code pénal (4), appelé à sanctionner les dispositions prohibitives des lois civiles, qu'il était réservé, à défaut du règlement, de définir, au point de vue de la criminalité, les marchés illicites. Cette sanction, cette définition sont renfermées dans les deux articles qui suivent :

« ART. 421. Les paris qui auront été faits sur la hausse ou la baisse « des effets publics seront punis des peines portées par l'art. 419 (5).

« ART. 422. Sera réputée pari de ce genre toute convention de vendre « ou de livrer des effets publics qui ne seront pas prouvés par le ven-

---

(1) Loi du 2 ventôse an IV, art. 2.
(2) Promulgué en septembre 1807.
(3) Exposé des motifs du Code de commerce, art. 90.
(4) Promulgué en février et mars 1810.
(5) Emprisonnement d'un mois au moins à un an au plus, amende de 500 fr. à 10,000 fr., surveillance de la haute police laissée à la décision du tribunal.

« deur avoir existé à sa disposition au temps de la convention ou avoir
« dû s'y trouver au temps de la livraison. »

Moins exigeante que les précédentes, cette dernière législation ne
prescrit plus le dépôt des effets vendus, ni même la preuve de la possession au moment du marché. On peut donc dire qu'elle ne fait plus
en principe un délit du marché à terme. Mais, fidèles encore aux préjugés du temps contre les ventes de rentes, préjugés dont l'esprit élevé du
Premier Consul lui-même n'avait pas su se dégager (1) ; empreintes des
doctrines erronées d'une époque où l'on croyait encore qu'il dépend
des vendeurs de produire à volonté une baisse continue, où, par conséquent, les vendeurs sans titres devaient être considérés comme des
ennemis du Gouvernement, ces dispositions témoignent, chez le législateur, d'une préoccupation plutôt politique que financière. Ce qu'elles
ont en vue, c'est le danger public, non le caractère plus ou moins aléatoire de l'opération. On ne pourrait autrement expliquer qu'elles punissent
les paris sur la hausse ou la baisse des *effets publics* seulement, et non
des autres valeurs ; qu'elles frappent *le vendeur* à terme sans titres et
non l'acheteur à terme sans argent.

Pour être complet, il me faut citer encore la loi du 2 juillet 1862,
modificative des art. 74, 75 et 90 du Code de commerce, qui répète que
le Gouvernement pourvoira par des règlements d'administration publique
à tout ce qui est relatif à la négociation des effets publics.

Le nombre et la diversité de ces dispositions n'offraient pas aux tribunaux une base assez fixe pour asseoir une jurisprudence invariable.

La Cour d'appel de Paris commença par valider plusieurs marchés à
terme sur effets publics, conclus sans dépôt préalable et en vue de
simples différences de cours (2), et par déclarer qu'il *n'existe aucune
loi en vigueur qui prohibe les marchés à terme* (3).

Mais, à cette doctrine, conforme aux tendances du commerce, vinrent
se substituer, à partir de l'année 1823, des solutions tout opposées.
Revenant sur sa jurisprudence et faisant revivre les anciens arrêts du

---

(1) *Mémoires d'un ministre du Trésor* (le comte Mollien), t. I, p. 256 et suiv.
(2) Cour impériale de Paris, 22 juin 1805, Perdonnet contre Grellet. — 31 août 1805, affaire
Soubeiran.
(3) Cour impériale de Paris, 22 mai 1810, affaire Delotte.

2

Conseil de 1785 et 1786, qu'elle déclare sanctionnés par la loi du 28 vendémiaire an IV, la Cour de Paris annule, comme jeux de bourse, les marchés à terme d'effets pulics, lorsque le dépôt préalable n'a pas été effectué et admet l'exception contre l'agent de change qui s'est chargé de l'opération (1). La Cour de Cassation consacre, en la confirmant, cette condamnation à peu près absolue du marché à terme (2).

Combattue par la protestation énergique des notabilités commerciales de Paris, repoussée par le Tribunal de commerce, cette interprétation rigoureuse ne put se maintenir pendant plus de dix ans. Dès l'année 1832, un retour aux doctrines antérieures à 1823 se manifeste. Peu à peu, la jurisprudence admet que le caractère du marché à terme, plutôt que le dépôt préalable, doit décider de la validité ou de la nullité ; que, si l'art. 422 du Code pénal établit une présomption de jeu contre la vente d'effets publics que le vendeur ne prouverait pas avoir existé à sa disposition, au moment de la convention ou de la livraison, il n'en est pas de même de l'*achat;* qu'aucune loi ne prononce la nullité des marchés à terme, faute par l'acheteur d'avoir consigné le prix (3). On en vient à généraliser le principe ; à ne plus distinguer, quant au dépôt, entre le vendeur et l'acheteur ; à valider les marchés à terme qui constituent des opérations *sérieuses* et *de bonne foi,* d'après la position de fortune et *la solvabilité* du contractant (4) ; à rejeter uniquement les marchés ayant, *dès l'origine,* pour *unique objet,* un *payement de différences* (5), où ne se rencontre de la part des parties *ni volonté de transmettre, ni volonté d'acquérir* (6), en laissant aux tribunaux un pouvoir discrétionnaire pour apprécier le caractère des faits (7).

Les derniers arrêts ont été plus loin encore : sans reconnaître expli-

---

(1) Cour royale de Paris, 18 février 1823, Coutte contre Sandrié et consorts ; 9 août 1823, Per donnet contre Forbin Janson.

(2) Cassation, 11 août 1824, Perdonnet contre Forbin-Janson ; 2 mai 1827, Archdéacon et consorts contre Cléret.

(3) Cour royale de Paris, 29 mai 1832, Verrier contre Loubers ; 9 juin 1836, Mène contre Dabrin ; Cassation, 29 novembre 1836.

(4) Cour impériale de Paris, 19 janvier 1858 ; Cassation, 1er août 1859.

(5) Cour royale de Paris, 11 juin 1834, Bouzain contre Didier ; Cassation, 30 mai 1838, affaire Bureaux.

(6) Cassation, 27 janvier 1852, Lecaron contre Leray.

(7) Cassation, 30 novembre 1842, Becq contre de Coussy.

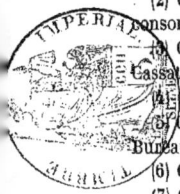

citement les marchés conclus en vue de différences seulement, ils déclarent que l'exception de jeu n'est pas opposable à l'agent de change lorsque, par suite de l'état apparent de la fortune de son commettant, il a pu croire sérieuses et en proportion avec ses facultés les opérations à terme qu'il était chargé de faire pour lui (1).

Ainsi la jurisprudence s'est dégagée peu à peu des liens trop étroits d'une législation faite pour d'autres temps et d'autres besoins. Pénétrée des nécessités d'une époque où le crédit joue un si grand rôle, elle a cherché à séparer ce qui pourrait le compromettre de ce qui en favorise le développement et, dans cette pensée, elle a divisé les marchés à terme en marchés sérieux et marchés fictifs. Elle qualifie sérieux et elle valide ceux qui peuvent ou paraissent pouvoir se réaliser pour une livraison et une levée effectives de titres ; elle considère comme fictifs et annule ceux qui notoirement ne peuvent se résoudre que par le payement de simples différences.

Le dernier état de la jurisprudence impose donc, pour discerner les opérations prohibées et atteintes par l'exception de jeu, de bien apprécier les caractères du marché *fictif*, appelé, en langage de bourse, marché à *découvert*.

Ce marché, dans sa plus simple expression, est la convention par laquelle on vend ou on achète des valeurs livrables à une époque déterminée, dite *liquidation,* sans avoir les titres ou l'argent nécessaire pour la réalisation directe et absolue de l'opération, avec la pensée de racheter ou de revendre les mêmes valeurs, de manière à ne recevoir ou payer que la différence entre les cours à la date de l'opération et à la date de la contre opération. Par exemple : un spéculateur achète fin du mois 45,000 fr. de rente 4 1/2 p. %, à 98 fr., sans posséder les 980,000 fr. qu'en exigerait le payement. Mais il revend à la fin du mois les mêmes 45,000 fr. de rente ; il n'a donc plus qu'une compensation à établir entre les termes de ces deux contrats. S'il y a eu hausse, il bénéficie de la différence entre le prix d'achat et le prix de revente ; il la perd, s'il y a eu baisse. A-t-il vendu d'abord et racheté plus tard ? même résultat

---

(1) Cour impériale de Paris, 29 janvier, 21 juin, 12 août 1864, 17 août 1865, 2 janvier, 14 novembre 1866, 12 janvier 1867.

en sens inverse. On comprend que, dans l'une et l'autre hypothèse, l'opération n'exige plus ni des inscriptions représentant 45,000 fr. de rente, ni un capital de 980,000 fr., mais seulement une somme suffisante pour faire face, s'il y a lieu, au payement de 2,500 fr. par chaque 25 centimes de baisse dans le premier cas et de hausse dans le second.

Voilà le marché repoussé par la jurisprudence comme fictif. Et pourtant, personne ne l'ignore, c'est ce marché à terme, conclu avec l'intention d'un règlement par différence, qui forme l'élément principal des transactions; c'est ce marché à terme, passé sans garantie de livraison ou de levée de titres, qui répond chaque jour à ces milliers d'opérations d'achats, de ventes, de placements, d'emprunts si utiles au crédit public; c'est ce marché à terme, contracté malgré l'impuissance de l'une ou de l'autre des parties ou des deux parties de le réaliser par elles-mêmes et sans contre-opération, qui, en fait, constitue la Bourse, avec ses dangers sans doute, mais avec tous ses avantages; c'est ce marché à terme qui est tellement passé dans les mœurs financières que ni les prohibitions des lois civiles, ni les rigueurs du Code pénal, ni les sévérités des tribunaux n'ont pu l'arrêter dans son expansion.

Il importe, dans une question toute d'affaires, de ne pas se faire illusion sur les mots. Qu'on le nomme, comme au siècle dernier, *agiotage* ou qu'on l'appelle comme aujourd'hui *spéculation*, le marché sur les différences des cours occupe dans le mouvement des affaires une place si considérable que, dans la langue des finances, *opération à terme* est devenue synonyme d'*opération en vue de différences*. Comment en serait-il autrement, puisque les neuf dixièmes des affaires à terme — on l'a déclaré devant la commission — se soldent par des différences ?

Les marchés à terme sont d'ailleurs reconnus par l'Administration, dont l'assentiment a dû être obtenu pour la mise à exécution des règlements de la chambre syndicale et la fixation plusieurs fois modifiée des époques de liquidations; qui voit s'accomplir journellement au parquet les opérations à terme; qui reçoit chaque jour le bulletin des cours au comptant et à terme, certifié par le commissaire du Gouvernement délégué à cet effet, et qui l'insère dans le *Moniteur* où ne figuraient avant le mois de juillet 1852 (1) que les cours du comptant.

(1) Voir le *Moniteur* du 30 et du 31 juillet 1852.

« Les obligations du Trésor, disait, le 4 juillet 1861, le Ministre des
« finances, en proposant à l'Empereur l'émission des obligations tren-
« tenaires, constituent une valeur d'État négociable au comptant *et à*
« *terme* qui participe à tous les priviléges de la rente.. .. »

Enfin la législature elle-même, lorsqu'elle a autorisé, par la loi du
2 juillet 1862, les associations pour l'exploitation des charges d'agents
de change, n'a-t-elle pas implicitement consacré les opérations à
terme? Réduites au comptant, ou, ce qui revient au même, dégagées
des opérations non garanties par la possession des titres, les négociations du Parquet n'auraient pas exigé ces nouveaux moyens d'action.
Si ce fait pouvait être un seul instant mis en doute, la discussion de
cette loi prouverait, au besoin, jusqu'à la dernière évidence, que le
concours de capitaux aussi considérables était rendu nécessaire uniquement par l'importance croissante des marchés à terme.

Lutte entre les dispositions des lois et les principes de la science
économique, opposition entre la législation et la jurisprudence, contradiction entre les doctrines et les mœurs, désaccord entre les actes de
l'administration et les décisions de la magistrature, tel est le véritable
état des choses. Qui ne sent quelle fausse situation il crée aux juges et
aux justiciables!

La jurisprudence, pour obtenir une autorité légitime, doit présenter
sur des questions semblables un caractère d'uniformité non interrompue.
Sur les marchés à terme, les divergences des tribunanx, signe incontestable de leur intelligence des intérêts nouveaux du commerce, ne
manifestent-elles pas aux yeux de tous les hésitations de leur pouvoir
discrétionnaire? Ainsi se perd la foi due à la sûreté des doctrines et,
avec elle, dans une certaine mesure, s'affaiblit la considération due à
l'impartialité du juge, exposé au soupçon de suivre les courants de
l'opinion.

L'absence d'une règle positive exerce sur les affaires une influence
plus fâcheuse encore. Le commerce a besoin de sécurité. Essentiellement
fondé sur les prévisions de l'avenir, il veut savoir d'avance quelle sanction assure ses calculs contre l'inexécution des engagements. Il lui faut,
pour son développement régulier, en dehors des conditions favorables
ou défavorables que les circonstances imposent inévitablement aux
résultats des opérations, la garantie que les contrats seront suivis d'effet, que les obligations seront toujours consacrées.

Or, rien n'est plus nuisible aux affaires que le doute sur les lois, aggravé du doute sur la jurisprudence. Rien n'apporte une plus grande perturbation dans les transactions sérieuses; car l'incertitude du droit, décourageante pour la bonne foi, encourage, au contraire, les audaces de la déloyauté et prépare ainsi des ruines, dont le commerce honnête subit lui-même le contre coup.

Quant aux agents de change, ils se déclarent dans une position non moins anormale que périlleuse. Officiers publics, ils ne peuvent refuser leur ministère à des opérations que l'usage a consacrées et que l'intérêt public commande, tandis que les tribunaux les considèrent comme réprouvées généralement par la loi civile et même par la loi pénale. Exposés ainsi à toutes les embûches, ils se voient placés par des clients sans pudeur entre la nécessité de renoncer à la poursuite de leurs créances et la menace d'odieuses dénonciations à la justice.

Tout en tenant compte des tempéraments que l'esprit pratique de la magistrature sait apporter dans l'appréciation des faits, de l'influence prépondérante que, dans ses décisions, son équité donne à la bonne foi des agents de change, on ne peut pas nier la situation délicate de ces intermédiaires légaux et le mérite des critiques qu'elle leur a suggérées, tant dans les nombreux mémoires adressés à l'administration que dans leur discussion orale devant la commission.

Les inconvénients de l'état des choses sont tellement frappants, à tous les points de vue, que la solution en a été réclamée depuis longtemps, non seulement par les agents de change, mais par le commerce tout entier, par les diverses autorités, par le public lui-même.

Déjà en 1824, les chefs des maisons de banque et de commerce les plus honorables de Paris protestent, dans la forme d'un *parère*, contre les restrictions de la jurisprudence et déclarent inapplicable la législation sur laquelle elle se fonde.

Cet acte est confirmé en 1842 par l'élite des banquiers et capitalistes de Paris.

« On nous oblige, disait Casimir Périer à l'occasion d'une pétition sur « les opérations de Bourse (1), à prendre des officiers publics (les agents

---

(1) Discours à la Chambre des Députés, **27** février **1826**. — *Moniteur* du **28**.

« de change) comme témoins valables de nos actes, et les actes qu'ils
« font sont illégaux. Si pourtant ils ont le droit de les faire, il faut que
« les tribunaux le leur reconnaissent; et s'ils n'en ont pas le droit, il
« faut qu'une loi le leur donne; car enfin, je le répète, *notre législation*
« *doit être mise en harmonie avec nos besoins.* »

Que le gouvernement reconnaisse la nécessité d'une solution, c'est ce
que démontrent ses appels réitérés aux avis de commissions spéciales
instituées en 1809, en 1843, en 1856, pour la mise à exécution de
l'art. 90 du Code de commerce, et dont les travaux et les discussions
ont éclairé la marche de la commission actuelle; c'est ce qu'établissent
les documents soumis à l'examen de la commission, notamment les
observations échangées en 1864 entre l'administration des Finances et
l'administration de la Justice sur la question des marchés à terme,
question qui était déclarée *ne pas pouvoir rester plus longtemps sans
solution* (1).

Dans le sein du Corps législatif le même vœu se manifestait en 1862
par l'organe de la commission chargée d'examiner le projet de loi sur
les sociétés d'agents de change (Loi du 2 juillet 1862). Son rapporteur,
après avoir présenté les considérations les plus élevées sur le rôle des
marchés à terme dans l'économie des finances publiques, en concluait
que ces transactions, *si usuelles et si nécessaires de nos jours*, appe-
laient l'attention du Gouvernement qui jugerait s'il n'y a pas lieu de *les
reconnaître et de les régulariser* (2).

Les Tribunaux, plus à même de constater les difficultés d'application,
placés chaque jour en face de dispositions discordantes ou inexécu-
tables, ont senti mieux encore l'urgence des modifications. La nécessité
a été maintes fois proclamée soit de vive voix devant la commission
actuelle ou devant les commissions antérieures, soit dans les discours
publics de leurs chefs (3), soit même dans les arrêts de la Cour

---

(1) Lettre du Ministre des Finances au Ministre de la Justice, 7 juillet 1864. — Réponse du
Ministre de la Justice, 24 septembre 1864.

(2) *Moniteur*, séance du 27 mai 1862, annexe, rapport de M. Larrabure.

(3) Documents remis à la Commission. Discours du président du tribunal de commerce de
Metz (12 août 1863), *Moniteur* du 6 mars 1864. Discours du président du tribunal de commerce
de Bordeaux (août 1864).

suprême (1); car, « La loi est réduite, écrivait naguère un éminent
« magistrat, à ce rôle, le pire de ceux qu'elle puisse avoir, d'exister
« malgré sa défaite et de vivre sans commander... que, du moins, la
« loi disparaisse, et que nous ne soyons pas condamnés, nous ses mi-
« nistres, à la tenir entre nos mains, frémissante, inappliquée et
« vaincue (2). »

Sans doute, il serait exagéré de considérer comme l'expression
absolue du sentiment public les pétitions qui, à toutes les époques,
mais particulièrement dans ces dernières années (3), ont sollicité l'intervention législative sur la question. On ne peut pas cependant y mé-
connaître l'indice d'une opinion très-répandue dans le pays. Eh bien,
quelque diversité qu'elles présentent dans leurs formes, leurs tendances,
leurs propositions, toutes ces pétitions s'accordent sur un point : c'est
que l'état des choses ne doit pas être maintenu, parce qu'il ne donne
pas plus de sécurité aux intérêts du commerce que de garanties à la
morale publique.

A un régime si généralement condamné on n'a opposé et l'on ne pouvait opposer que trois systèmes :

Ou repousser tous les marchés à terme,

Ou reconnaître certains marchés à terme et repousser les autres,

Ou reconnaître tous les marchés à terme.

Repousser le marché à terme, c'est-à-dire ne reconnaître que les
opérations au comptant ou, ce qui au fond n'en diffère pas, les opérations garanties par le dépôt ou la possession effective des valeurs et de
l'argent, on ne peut pas y songer, sans sacrifier à la satisfaction d'idées
éminemment, mais exclusivement morales, les exigences, respectables
aussi, des intérêts matériels. Ce serait revenir à la doctrine des arrêts
du Conseil de 1785 et 1786. Le mouvement du commerce, le progrès
de l'industrie, les besoins du crédit public, tout s'oppose à ce retour
vers un passé si différent des temps actuels.

---

(1) Cour de Cassation, arrêt du 11 août 1824.

(2) O. de Vallée, *Les Manieurs d'argent*.

(3) 27 février 1826, pétition Rebouleau; 14 mars 1832, pétition Harlé; 3 février 1863, pétition
Corbin; 8 mai 1863, pétitions Véry et Lavallée; 27 février 1864, pétition Bobœuf; 16 mars 1867,
pétition Destrem.

Bornées à la fin du siècle dernier aux actions des Indes, aux bons de quelques emprunts royaux, aux titres avilis de la caisse d'escompte (1), les opérations de bourse n'ont même porté jusqu'en 1814, en dehors de la rente consolidée, que sur des rescriptions pour rachat de rentes fon-cières et sur les actions de la Banque ; les fonds étrangers y étaient inconnus, les valeurs industrielles cotées à peu près nulles (2). Or la rente consolidée, aliment presque unique des négociations, n'atteignait pas, au 1er avril 1814, 64 millions partagés en moins de 137,000 ins-criptions (3), dont une grande partie, absorbée par les établissements publics ou des placements de famille, était enlevée à la circulation.

Qu'est aujourd'hui la Bourse ? Un immense marché de capitaux où se négocient les opérations, non-seulement sur une dette consolidée de plus de 340 millions divisés en près de 1,100,000 inscriptions (4), mais sur une masse considérable de fonds publics étrangers, d'actions ou obligations de chemins de fer, de titres émis par les Sociétés ou Com-pagnies de banque, de crédit, d'industrie, de commerce, en France ou hors de France, en un mot, sur un ensemble de valeurs qui, au dire des financiers, représentent la moitié de la fortune du pays. Une telle transformation du marché, à la suite d'une véritable révolution écono-mique, doit faire comprendre aux esprits les plus sévères que ce qui était possible, sinon utile, en 1785 — voire même en 1810, lorsque furent édictés les articles 421 et 422 du Code pénal, — serait mainte-nant aussi impraticable que dangereux.

Les idées hostiles au marché à terme ne sont pas d'ailleurs restées dans la sphère de la pure théorie : elles ont été soumises à l'épreuve de l'application. N'est-ce pas en effet cette doctrine que la Cour royale de Paris et la Cour de Cassation avaient adoptée en 1824 (5) et qu'elles ont maintenue pendant quelques années ? Eh bien, on vient de le voir, elles

---

(1) *Moniteur* de l'année 1789.
(2) *Moniteur* de l'année 1814.
(3) 63,307,637 fr. de rente, 136,861 parties. Voir les comptes-rendus par le Ministre des Finances, pour les années 1814 et 1815, page 5.
(4) 343,551,475 fr. de rente, 1,085,195 parties au 1er janvier 1866. Voir Compte général de l'ad-ministration des finances pour l'année 1865, page 547.
(5) Arrêts Forbin-Janson déjà cités.

3

ont dû répudier promptement les rigueurs d'une autre époque et, par un retour de jurisprudence dont l'arrêt de la Cour de Cassation du 19 janvier 1860 (1) est la solennelle expression, admettre que les marchés à terme comme au comptant rentrent dans les attributions des agents de change. Le premier système a donc fait son temps.

Le second système, fondé sur un plus juste sentiment de conciliation entre les prescriptions de la morale et les règles du commerce, cherche à distinguer dans les marchés à terme *le jeu,* qui serait prohibé, et la *spéculation* qui serait reconnue.

Le mérite de ce système, celui des trois qui s'éloigne le moins de la jurisprudence actuelle, gît donc tout entier dans une définition précise de l'opération illicite, qualifiée jeu, et de l'opération licite, qualifiée spéculation. Ah! certes, s'il était possible de tracer une ligne de démarcation bien nette entre l'une et l'autre opération, ne permettant, dans la pratique, aucune confusion entre l'usage et l'abus des mille combinaisons auxquelles se prête la nature essentiellement aléatoire des transactions, il faudrait se hâter de la définir légalement. Avec quel empressement unanime serait accepté le bienfait d'une telle définition!

Malheureusement cette ligne distinctive est encore à trouver.

Devra-t-on, comme les tribunaux le tentent, distinguer le jeu ou *marché fictif* de la spéculation ou *marché sérieux* par l'objet de l'opération engagée et dire que, si l'objet en vue est la différence des cours, le marché sera fictif, par conséquent, nul *ab initio* et ne pourra donner lieu a aucune action?

Je laisse, pour l'instant, de côté le principe même de cette distinction, me réservant de discuter plus loin si la différence est en effet toujours exclusive d'un contrat sérieux ; mais, le principe admis, je vois encore se présenter au juge une grave difficulté : discerner le signe certain qui, au moment de la convention, en manifeste le véritable objet.

Ce n'est pas la forme des actes : un seul modèle est en usage à la Bourse et s'applique aussi bien aux innombrables négociations ayant pour but un règlement de différences qu'à celles, beaucoup moins con-

---

(1) Aff. Chambre syndicale contre les Coulissiers.

sidérables, dont les contractants veulent, dès l'origine, la réalisation absolue.

Ce ne sont pas les conditions des actes : quel qu'en soit l'objet, différence ou livraison, les stipulations de durée limitée, de quantités déterminées, d'escompte réservé, en un mot toutes les clauses en sont identiques.

Ce n'est pas davantage l'authenticité des actes ; car ils sont, aussi bien dans un cas que dans l'autre, conclus par le ministère des agents de change.

Impossible à déterminer par un signe propre, par les qualités intrinsèques de l'opération, l'objet de l'engagement, d'où dépendrait, d'après ce système, la validité du marché, a été cherché par les tribunaux dans les conditions qu'on pourrait appeler extrinsèques de l'opération, dans l'intention des parties et les circonstances de la cause. Est-il rien de plus rebelle à la formule d'une définition légale?

Sans doute, s'il se rédigeait entre deux personnes une stipulation expresse de borner le résultat d'une opération à la différence des cours, leur intention formellement énoncée pourrait suffire pour reconnaître le jeu. Mais une telle convention est tout à fait inusitée; un marché ne se présente, pour ainsi dire, jamais dans ces conditions. Ce qui se passe chaque jour, c'est que, devant le silence des pièces et les contradictions des parties, le tribunal en est réduit à son appréciation personnelle.

Or, cette appréciation sera nécessairement arbitraire. Je prends des exemples : les compagnies d'assurances disposant de grands capitaux, dont l'imprévu des sinistres interdit les placements à long terme, les emploient souvent en reports, c'est-à-dire qu'elles opèrent des achats au comptant et des ventes à terme correspondantes, avec l'intention de retirer leurs fonds à la fin du mois courant ou du mois suivant. La liquidation survenue, elles peuvent avoir intérêt, suivant l'état du marché ou leur propre situation, à garder les titres et à régler simplement les différences. Au contraire, un banquier a acheté fin du mois une somme considérable de valeurs, sur le simple espoir de la hausse et sans aucune intention de lever les titres, en raison de la rareté du numéraire dans ses caisses. Qui sait si, avant l'échéance du terme, une rentrée de capitaux inattendue ne l'engagera pas à réaliser son opération et à prendre livraison?

Dans l'un et l'autre cas, le tribunal doit donc, en quelque façon, se substituer aux parties pour définir leurs intentions, puisque les parties elles-mêmes ne prévoyaient pas, au moment de l'engagement, comment elles dénoueraient leurs opérations !

La commission a entendu des voix autorisées analyser devant elle les autres circonstances séparatives, aux yeux des tribunaux, des marchés sérieux et fictifs. Sont-elles mieux fondées?

L'objet de l'opération, particulièrement la nature des valeurs négociées. — Mais alors il faut distinguer celles qui sont spécialement recherchées par la spéculation aventureuse de celles que préfèrent les placements véritables, ce qui remplace par l'opinion du juge la libre appréciation du public et pourrait faire un délit d'une simple imprudence.

Les habitudes des parties en cause, en vue de protéger par l'exception de jeu celle qui s'est laissée entraîner à des actes isolés, en dehors des opérations conformes à son commerce, à sa profession ou à sa position sociale et de donner action contre celle qui, se livrant à des spéculations nombreuses, en fait comme un négoce habituel. — Mais, outre qu'aucun texte n'accorde au spéculateur d'occasion cette faveur spéciale dont les bornes ne peuvent qu'être indécises, une telle doctrine amènerait cette conséquence, que, par un singulier renversement des principes du droit qui proportionnent la gravité du délit à sa fréquence, un fait illicite s'il est unique deviendrait licite en se répétant.

La solvabilité des contractants, autrement dit, la possibilité d'exécuter le contrat, *hic et nunc*, sans tenir aucun compte des opérations postérieures qui peuvent toujours les contrebalancer et en réduire les résultats pécuniaires. — Mais imposer cette supputation des fortunes est en contradiction avec les usages du commerce, dont les spéculations n'ont jamais été restreintes à la mesure du capital du commerçant. N'est-elle pas, d'ailleurs, si douteuse que les juges en sont venus — la fortune vraie étant d'ordinaire impossible à contrôler — à se contenter de la fortune *apparente* pour valider des marchés?

La bonne foi des intermédiaires, c'est-à-dire les justes motifs qu'ils auront eus de croire que les opérations négociées pour leurs clients étaient sérieuses ou, ce qui revient au même, que les clients étaient solvables. — Mais tout est ici plus arbitraire encore. Le pouvoir discrétionnaire attribué au magistrat d'annuler et même de punir des opérations qu'il reconnnaît et déclare, après coup et après instruction, en disproportion avec les moyens pécuniaires des clients, réduit l'agent de change à la nécessité morale de vérifier, préalablement et à chaque ordre, si la fortune du client lui permettra de fournir en liquidation les titres à livrer ou les fonds suffisants pour lever les titres achetés. L'action ne lui est accordée que s'il a bien apprécié, c'est-à-dire si le juge apprécie comme lui. Or, une telle vérification exige du temps, le temps manque. Pour qui connaît le mouvement, l'instantanéité des opérations, la discussion de la solvabilité est absolument impraticable pendant la durée de la Bourse.

D'ailleurs, en supposant même que l'agent ait été en mesure de constater d'avance une juste proportion entre les ressources de son commettant et la négociation, un ordre semblable donné en même temps à plusieurs confrères ne pourra-t-il pas faire qu'une même opération proportionnée et partant *sérieuse* pour chaque agent, ne le soit plus et devienne *jeu* pour l'ensemble?

De ces diverses considérations on fera sortir peut-être des motifs de décisions équitables, mais jamais une désignation légale du marché sérieux, ni une ligne de démarcation qui le sépare nettement, aux yeux de tous, du marché fictif.

Convaincus de cette impossibilité de distinguer le jeu de la spéculation d'après l'objet de la convention, de bons esprits en ont cherché la limite séparative dans un signe conventionnel, tout à fait indépendant des caractères du marché. Ils se sont demandé si le dépôt préalable, entre les mains de l'agent de change, d'une *couverture*, c'est-à-dire de la somme nécessaire soit au payement des valeurs, soit même au payemeut des différences éventuelles, ne pourrait pas être considéré comme une présomption *juris et de jure* de l'intention sérieuse des parties et offrir ainsi au public et au magistrat une règle constante et à l'agent de change particulièrement, une double sécurité : nantissement préalable, sanction toujours accordée par les tribunaux.

Mais, devant la commission, les hommes les plus versés en ces matières ont été unanimes pour repousser ce moyen.

La couverture serait-elle obligatoire pour produire l'action ? Les usages du commerce, dont la loi n'est que la consécration, ne l'admettent pas; la pratique de la Bourse y trouve un obstacle insurmontable dans le nombre et la rapidité des affaires, dans l'éloignement des clients dę la province ou de l'étranger, dont le télégraphe transmet à tout moment les ordres. La force des choses n'en permettrait l'emploi à l'égard ni des maisons importantes dont la dignité s'offenserait d'une semblable exigence, ni des banquiers dont le bénéfice disparaîtrait dans les pertes d'intérêts des capitaux immobilisés sous forme de couverture.

La couverture serait-elle facultative? Dirait-on à l'agent de change : « Si vous avez reçu une couverture, vous aurez l'action judiciaire, « l'exception de jeu ne sera pas admise ; si vous ne l'avez pas reçue, ‹ vous pourrez encore obtenir l'action, mais, comme aujourd'hui, le « tribunal appréciera le caractère de l'opération ? » Ces conditions ne différeraient guère des conditions actuelles, dont les inconvénients sautent aux yeux, que pour les aggraver. Car, le moyen étant donné à l'agent de s'assurer l'action par le dépôt d'une couverture, le fait de n'avoir pas exigé ce dépôt, souvent impraticable, serait, indépendamment de toute autre circonstance, une nouvelle présomption de mauvaise foi contre lui.

D'ailleurs, tout système fondé sur le dépôt de couverture repose sur une fiction. Loin d'exclure le jeu, ce dépôt le prouve. Qu'est-ce autre chose, en fait, qu'une mise au jeu, une prime d'assurance qui limite les pertes ? Cela est si vrai qu'il est peu de joueurs qui, en cas de sinistre, ne se prétendent libérés en l'abandonnant, quel que soit le résultat de leurs spéculations. N'est-ce-pas, tout au moins, une grave probabilité de jeu, puisque l'agent de change ne l'exige que des clients dont la solvabilité est douteuse, c'est-à-dire de ceux qui jouent?

Autre difficulté : obligatoire ou facultative, à quelle proportion serait fixée la couverture ? Devra-t-elle représenter le capital des valeurs à négocier ou seulement la différence probable entre les cours du jour de l'engagement et du jour de la liquidation?

La première de ces mesures équivaudrait, ou peu s'en faut, à la suppression des opérations à terme. Jamais les spéculateurs les plus sérieux, ceux dont la jurisprudence admet aujourd'hui les marchés sur différences, ne réuniraient les fonds nécessaires à une semblable garantie; car leur but est justement de faire des opérations à crédit et sans déplacement de capitaux.

Même réduite aux proportions de la différence probable, la couverture présenterait d'aussi graves inconvénients.

Il faudrait ou fixer uniformément à 1/10 , 1/15, 1/20 de la valeur négociée le taux de la couverture, ce qui mettrait sur la même ligne les valeurs les plus sûres qui varient peu et les moins solides qui varient beaucoup, au grave détriment des affaires vraiment sérieuses — ou en fixer la quotité suivant chaque valeur, ce qui serait fort arbitraire et constituerait une sorte d'évaluation officielle du crédit de chaque État, de chaque industrie, de chaque compagnie, etc., évaluation qu'il serait nécessaire de modifier incessamment suivant les circonstances — ou en laisser l'appréciation à l'agent de change, ce qui lui ferait une situation aussi difficile qu'aujourd'hui, puisque, à l'obligation de bien apprécier la solvabilité de son commettant, on aurait, pour lui donner action, simplement substituée celle de bien apprécier la proportion de la couverture.

De tous côtés, une garantie préalable se heurterait, dans l'application, à des impossibilités. S'il faut une couverture pour chaque opération nouvelle, plus d'affaires engagées pendant la durée de la Bourse, surtout avec les départements ou l'étranger. Impossible, en effet, d'y discuter, arrêter, verser cette couverture. Si une seule couverture remise au commencement du mois suffit jusqu'à la liquidation, comment en fixer le chiffre? L'agent n'a pas pu prévoir toutes les opérations de son client. Il se croyait couvert hier; mais, aujourd'hui, une baisse considérable lui fait concevoir de justes craintes. Doit-il vendre pour augmenter sa garantie, au risque de précipiter encore le mouvement qu'il faudrait arrêter?

A ces raisons inspirées par l'expérience, on doit ajouter qu'une considération, plus grave encore que la sanction à accorder aux négociations, domine la question des couvertures, l'intérêt général.

Une grande circulation des capitaux est la condition du crédit à bon marché, c'est-à-dire de la marche facile des affaires. Les dépôts de couvertures enlèveraient à la circulation un capital considérable, d'autant plus considérable même qu'il y aurait plus d'opérations et, par conséquent, plus de besoins de capitaux disponibles. Au point de vue économique, non moins qu'au point de vue pratique, l'emploi généralisé des couvertures serait donc loin de produire des résultats satisfaisants.

Si la prohibition absolue des marchés à terme est impossible, si une ligne de démarcation entre ceux de ces marchés qui devraient être considérés comme jeux prohibés, et ceux qui ne sont que des spéculations permises, est indéfinissable, reste la troisième solution : la reconnaissance des marchés à terme C'est celle à laquelle je me range.

Les promoteurs de ce moyen plus radical ne s'appuient pas seulement sur l'expérience déjà faite des deux moyens précédents, sur leur insuffisance pour arrêter les écarts de l'esprit d'entreprise, sur leur impuissance à lutter contre la force des choses et l'irrésistible courant des affaires qui ne vivent et ne prospèrent que par le crédit; ils fondent leurs convictions sur le caractère même des opérations à terme.

Repoussant absolument la distinction qu'on a essayé d'établir entre les marchés sérieux et les marchés fictifs, ils affirment que tout marché conclu à la Bourse a un caractère essentiellement sérieux ; car il résulte d'un engagement sérieux et produit un effet sérieux.

Deux spéculateurs donnent ordre, l'un de vendre, l'autre d'acheter, fin courant, telle ou telle somme de rente. La formule d'engagement échangée entre l'agent de change du vendeur et celui de l'acheteur énonce les valeurs négociées, le taux de la négociation, le prix dû et le terme de liquidation où elle est livrable, avec cette condition expresse, *ou plus tôt à la volonté de l'acheteur*. Voilà bien le contrat formé par une convention.

L'art. 1130 du Code Napoléon consacre les obligations sur les choses futures : l'art 1583 déclare la vente parfaite dès qu'on est convenu de la chose et du prix, quoique la chose n'ait pas encore été livrée, ni le prix payé. N'y a-t-il pas dans l'acte qui constate l'opération à terme tous les caractères qui constituent le contrat de vente : convention signée, chose certaine, prix fixé, *res*, *pretium, consensus*, ces trois conditions dont le droit fait dépendre, pour la validité de la vente, le lien entre les parties, le *vinculum juris*, qui seul crée l'obligation réciproque?

A l'argument tiré de ce que, sous la forme d'un acte sérieux, se déguiserait souvent une opération simulée, devant aboutir, non à une livraison et à une levée de titres, mais au payement d'une différence seulement, ils répondent qu'une telle allégation repose sur une erreur facile à démontrer et que peut seule expliquer une connaissance imparfaite des opérations de Bourse. C'est le contraire qui est vrai : Tout achat, toute vente à terme au parquet, quelle que soit l'intention des parties, se résolvent en une livraison des titres et en un payement du prix et sont suivis d'une exécution réelle, ce qui est le but essentiel de la loi.

D'une part, les effets sont, ainsi qu'on vient de le voir, toujours *livrables à la volonté* de l'acheteur. Il suffit donc, pour l'exécution du marché, que l'acheteur use de cette condition et demande, avant l'échéance du terme, la livraison des effets contre la remise de son prix ; lorsqu'il profite de cette faculté d'escompte, il change son achat à terme en un achat au comptant et fait produire au contrat son plein et entier effet : les titres sont livrés intégralement, le prix intégralement payé. Le caractère le plus sérieux ne peut, dans ce cas, être dénié au marché.

Et ce n'est pas là une hypothèse complaisante : l'étude des faits démontre l'importance énorme de ces escomptes, suivant les événements et le mouvement des cours. On appréciera combien sont considérables ces opérations, dont on ne se fait généralement pas une juste idée, par un exemple. Dans un procès porté devant la Cour de Cassation en 1860, la chambre syndicale a établi, d'après les relevés officiels, que, du 1er janvier 1849 au 1er décembre 1859, il a été escompté à la Bourse, tant en rentes qu'en actions, un milliard 49 millions 876,593 fr. 50 c. (1) L'escompte en rentes seulement s'est élevé pour le mois d'avril dernier à près de 2 millions et pour la première quinzaine de mai à plus de 1,700,000 fr.

D'autre part, l'acheteur attend-il la liquidation? Même obligation pour le vendeur qui, en vertu de l'engagement, ne peut se refuser à la livraison des titres contre le versement du prix, c'est-à-dire encore à l'exécution réelle du marché.

Suppose-t-on qu'il y aurait accord pour ne point livrer et lever les titres, pour ne point en fournir ni en recevoir le prix et pour ne régler que par de simples différences?

De deux choses l'une : ou l'opération s'est traitée directement entre les parties, ou elle a été effectuée par l'intermédiaire d'agents de change. Dans le premier cas, le tribunal aura à apprécier si, aucune

---

(1) *Gazette des Tribunaux*, 18 janvier 1860.

4

authenticité n'étant donnée à l'engagement, si, les parties connaissant leur volonté réciproque de simuler un contrat sérieux, il n'y a pas un pari; si ce pari, faute d'intérêt opposé par les tiers, n'entraine pas la nullité et le défaut d'action.

Mais je laisse à part ces marchés passés hors du parquet, sans surveillance et sans contrôle, dans la *coulisse*, comme disent les spéculateurs, ces marchés dont les tribunaux correctionnels ont eu à poursuivre les abus, mais dont les annales judiciaires constatent que l'exécution est rarement demandée à la justice civile. Je m'attache au marché régulièrement passé à la Bourse par l'entremise de deux agents : Comment les clients sont-ils convenus de ne pas l'exécuter? Est-ce verbalement? L'engagement pris sous la responsabilité de ces officiers ministériels est formel et ne peut être détruit par la volonté de quelques-unes des parties à l'insu des autres. Est-ce par une convention écrite, par une contre-lettre? Elle ne serait pas opposable aux tiers, c'est-à-dire aux agents de change intermédiaires, et pourtant c'est contre eux que se pose l'exception du jeu.

Supposition bien gratuite, au surplus. Sont-ce là les procédés en usage? Non. Dans la pratique, les contractants ne se connaissent pas et le secret imposé aux agents de change ne permet pas qu'ils se connaissent. Les uns donnent ordre de vendre, les autres d'acheter; les agents exécutent les ordres, signent les engagements et attendent l'échéance pour compter chacun avec son commettant, sans s'inquiéter de la contre-partie. Le commettant est-il vendeur? Il recevra, s'il le veut, le prix de ses titres; est-il acheteur? il recevra, s'il le veut, les titres achetés. Jamais, on le sait, l'agent de change ne refuse l'exécution, quel que soit le chiffre de l'opération, quelle qu'ait pu être dans l'origine l'intention de son client.

Toutefois, si l'une des parties préfère ne pas exécuter *personnellement*, ne pas livrer les titres et en recevoir le prix ou ne pas lever les titres et en payer le prix, l'autre partie n'en aura pas une moins entière satisfaction. Ce serait une grave erreur de croire que, dans ce cas, l'opération est annulée définitivement moyennant le payement d'une différence, et qu'il n'y aura ni levée, ni livraison. Loin de là. L'agent revend pour son client ce qu'il lui avait acheté ou il rachète pour son compte ce qu'il avait vendu; pour parler la langue des affaires, il le fait re-

porter, en d'autres termes, il fait exécuter la livraison ou le payement par un tiers, rentier ou capitaliste, qui utilise en *reports*, comme je l'ai expliqué plus haut, ses titres ou ses fonds disponibles. Par cette opération en sens inverse, ayant à recevoir d'un côté le prix de vente et à payer de l'autre le prix d'achat, le client borne les résultats matériels de sa double affaire à la différence des cours ou à une compensation.

Eh bien! la nécessité de la seconde négociation n'est-elle pas la preuve irrécusable de la réalité de la première? La double opération ne produit-elle pas ce mouvement réel de titres qu'exige l'intérêt financier de l'État, ce transport réel de propriété qu'implique un marché sérieux? Dans les négociations du parquet, la différence représente donc le prix moyennant lequel un tiers, le *reporteur*, se fait céder la créance de l'acheteur à terme contre son vendeur ou se charge de la dette du vendeur à terme contre son acheteur. L'authenticité de cette réalisation, par un tiers, est assurée dans une disposition du règlement particulier de la Compagnie. En cas d'inexécution de l'engagement à l'échéance, l'agent de change intéressé est autorisé à racheter ou revendre les valeurs aux périls, risques et frais du client en retard, mais par le ministère de la chambre syndicale (1). Cette intervention fournit, selon moi, une garantie suffisante des résultats sérieux du marché pour qu'on puisse subordonner l'action judiciaire à la production du bordereau de l'agent que la chambre syndicale aura délégué.

Si l'analyse de chaque opération en établit la réalité, la liquidation de l'ensemble des opérations en constate l'exécution. En effet, aux époques d'échéance, chaque agent dresse une feuille comprenant, sans indication de capitaux, le solde des effets dont il est acheteur ou vendeur chez chacun de ses collègues, et une autre feuille donnant seulement, sans mention des effets, le solde en capitaux de son compte avec chacun de ses collègues. Lorsque le rapprochement de toutes ces feuilles en a justifié la concordance, la balance des soldes débiteurs ou créditeurs, en valeurs et en deniers, s'opère par la remise effective des titres et par le versement en espèces. La réunion dans un foyer commun, par cette liquidation justement nommée centrale, de toutes les valeurs et de tous les moyens de payement, n'a pas seulement pour but une simplification

(1) Règlement général de novembre 1832, tit VI, art. 5.

d'écritures, mais aussi la garantie des négociations. En faisant entrer en ligne de compte toutes les opérations, quelle que fût la pensée des clients, les agents se sont substitués, en quelque sorte, aux spéculateurs que le secret professionnel interdit de mettre en présence ; ils se sont rendus responsables les uns vis-à-vis des autres des actes de leurs commettants, et ont dû se solder toutes les opérations comme achats et ventes véritables, sauf à chacun d'eux le recours contre son client. Pourquoi le client, dont l'ordre se trouve avoir été ainsi exécuté serait-il admis à dire que son marché était fictif, lorsque, en vertu d'un contrat sérieux, il a été suivi d'un effet sérieux pour la contre partie et pour les deux agents de change ?

On objecte encore que, malgré ces précautions, il se combine, sous la forme des marchés à découvert, de véritables jeux de Bourse et que, le jeu n'étant reconnu par aucune de nos lois comme un principe d'obligation, le marché à découvert ne doit pas être déclaré obligatoire.

Il est à craindre que l'influence des mots n'ait entraîné, dans cette circonstance, une certaine confusion d'idées et qu'on n'ait trop facilement conclu de l'identité des mots jeu et jeux de Bourse, à l'identité des choses. Le langage ordinaire a bien pu donner le nom de jeu aux opérations de Bourse sur la hausse et sur la baisse des effets publics ; mais à coup sûr ce n'est pas là le contrat dont l'art. 1965 a voulu s'occuper. Les orateurs qui ont présenté ce titre du Code se sont exprimés dans des termes qui ne laissent sur ce point aucun doute : « En refu-
« sant en général, disaient-ils, toute action pour promesses contractées
« au jeu, nous avons excepté les engagements qui ont leur source dans
« les *jeux d'adresse et d'exercice* (1)... Comment tolérer dans une so-
« ciété bien ordonnée, les citoyens mettant leur fortune *au hasard d'un*
« *coup de dé?* (2)... Le jeu, ce ministre aveugle et forcené du hasard,
« *qui place entre deux hommes, sur un tas d'or,* la plus épouvantable
« alternative, le bonheur ou l'adversité, la fortune ou la misère, ne
« mérite pas la protection que la loi doit aux conventions ordinaires (3).

Dans le jeu, les deux parties directement placées en face l'une de

---

(1) Portalis.
(2) Siméon.
(3) Duveyrier.

l'autre n'ont en vue que l'*alea,* la chance, le hasard ; aucun objet déterminé ne correspond à la somme d'argent disputée. Pas de règles précises, car on ne saurait appeler règles ces mille combinaisons que le caprice des oueurs peut, d'un commun accord, varier incessamment. Les parties ont su, lorsquelles prenaient les cartes ou les dés, qu'en poursuivant un plaisir ou la satisfaction d'une passion, elles engageaient uniquement leur propre responsabilité ; que les conséquences de leur jeu n'atteindraient qu'elles-mêmes, sans qu'aucun autre intérêt public ou particulier en fût directement affecté ; qu'elles ne devaient compter que sur leur parole réciproque et non sur la protection de la loi ; que la loi ne sanctionne pas une convention sans base qui, par sa nature, par ses conditions, par sa forme, par ses effets exclut tout caractère d'utilité et peut, tout au plus, engendrer une obligation naturelle.

Le jeu, d'ailleurs, implique la nécessité pour les deux joueurs de se connaître, de se rapprocher, de stipuler, de colluder.

Peut-on dire qu'il en est ainsi, lorsque la convention se lie sous la foi publique, à la Bourse, par l'intermédiaire d'agents légaux ? Tuot au contraire. Il a été démontré plus haut que l'engagement est sérieux, qu'il est soumis à des règles précises, qu'il est garanti par les agents de change et exécuté lors de l'échéance. La collusion est impossible au parquet, où elle devrait, pour exister, avoir lieu entre les deux commettants qui ne se connaissent pas, par l'entremise de deux agents qui se cachent mutuellement leurs clients.

Le contractant, pour se soustraire à l'exécution, ne peut invoquer, à l'appui de son exception, ni la connivence de la contre-partie, puisqu'elle lui est inconnue, ni l'absence d'intérêt des tiers, puisque son mandataire a accompli ses ordres. Comment admettre que l'officier public sera obligé par le mandat reçu et accepté, tandis que le mandant ne le sera pas légalement ?

Les caractères du jeu, que l'art. 1965 a entendu réprimer, ne se retrouvent donc pas dans les spéculations et négociations que l'on s'est depuis longtemps habitué à qualifier jeux de Bourse, du moins dans celles qui sont contractées au Parquet.

Les résultats n'en sont pas moins opposés. Le jeu n'a jamais rien créé : il fait passer de l'argent de la poche de l'un dans celle de l'autre.

Voilà tout. Stérile et impuissant, il absorbe, au lieu de les faire circuler, des capitaux dont l'inaction est un dommage pour la société ; il ne laisse d'ordinaire après lui que des hontes et des ruines. Les marchés à terme, dits jeux de Bourse, par une circulation et un échange continus de capitaux et de titres ont, malgré des excès, fondé le crédit de l'Etat, fait les chemins de fer, développé le commerce et l'industrie et subvenu aux besoins de la paix comme aux nécessités de la guerre.

Le jeu proprement dit n'existe pas à la Bourse : ce qu'on y nomme jeu n'est autre chose que la spéculation à crédit, basée, comme toutes les affaires commerciales, sur la confiance que s'inspirent réciproquement les contractants.

Pour combattre les marchés à terme, on cherche aussi à les flétrir : on fait ressortir les dangers de la spéculation, les désastres qu'elle entraîne, les déshonneurs dont elle a été la cause. Il en résulte que les opérations de Bourse sont, dans l'opinion publique, l'objet d'une sorte de défaveur et de réprobation : des publicistes, des magistrats même (1) ont consacré à les attaquer des ouvrages où respirent contre les écarts de la spéculation la plus rigoureuse et la plus respectable indignation.

Mais est-il bien sûr que ces attaques n'ont pas dépassé le but? Qu'on parcoure ces pages, où sont rappelées les odieuses combinaisons et les machinations coupables auxquelles des affaires détestables ont dû une vogue éphémère, bientôt suivie d'une chute scandaleuse, on se convaincra bien vite que le dol, la fraude, l'escroquerie en forment la substance.

Ce qu'il faut réprouver et châtier, le Code pénal à la main, c'est la stratégie secrète, les manœuvres cachées qui ont surpris la bonne foi du public et exagéré la valeur des titres, non le marché à terme qui n'est qu'un mode de transmission de ces titres.

Fût-elle blâmable aux yeux du philosophe, la spéculation à crédit peut n'être pas condamnable aux yeux du législateur. On voit chaque jour la magitrature flétrir, dans les considérants de ses arrêts, au nom de la morale, celui qu'elle absout en vertu du droit. N'est-ce pas, en

---

(1) Oscar de Vallée, déjà cité.

effet, la condition commune des institutions humaines que le mélange du bien et du mal, que l'abus inséparablement uni à l'usage?

D'accord, au surplus, avec les partisans des systèmes limitatifs sur les excès dont les opérations de Bourse sont parfois entachées, je m'associe pleinement à leur désir de les réduire, tout en différant sur le moyen. Dans leur pensée, le système actuel devrait, sinon être rendu plus sévère, au moins être maintenu dans ses distinctions et exceptions; dans mon opinion, la morale gagnerait à la reconnaissance de l'obligation.

A qui profite l'exception de jeu? Est-ce à l'honnête homme? Non. Pour lui, un engagement est chose sacrée : dût sa fortune entière en payer l'accomplissement, il n'hésitera pas à répudier les ressources d'une législation douteuse et les subtilités d'une jurisprudence incertaine. Au fripon seul appartient le triste courage de venir, le front haut, arguer de sa propre turpitude et demander, au nom des lois, l'annulation d'opérations dont il a reçu le prix tant que la fortune les a favorisées, dont il refuse l'exécution le jour où ses calculs ont été déjoués par les événements. Ce n'est pas une législation morale que celle dont la probité repousse le secours et dont le mauvaise foi seule invoque la protection; ce n'est pas une doctrine morale que celle qui, loin de retenir la spéculation, la précipite dans les excès, en condamnant le spéculateur si ses engagements sont proportionnés à ses ressources, tandis qu'elle l'absout s'il a spéculé au delà de ses moyens.

Pour éloigner les spéculateurs téméraires, au lieu de les tenter par l'espoir de bénéfices sans chances de perte, je crois plus sûr de les effrayer des conséquences d'un engagement sérieux dont, favorable ou non, la réalisation serait rigoureusement poursuivie.

Pense-t-on que ce soit un bon moyen pour maintenir l'honorabilité dans une compagnie d'officiers ministériels que de les mettre dans un état permanent de suspicion ; de considérer la majeure partie de leurs opérations, dont personne aujourd'hui ne conteste la nécessité, comme réprouvées par la morale et comme simplement supportées par une sorte de tolérance de la loi ou de la jurisprudence ; de les obliger à établir, contre les dénégations de spéculateurs éhontés, la preuve de leur bonne foi et de les placer ainsi hors du droit commun, au détriment de la confiance qu'ils doivent inspirer et de la considération même de

l'administration qui les institue? Ah! si l'on veut les encourager au respect d'eux-mêmes et de leurs devoirs, qu'on commence par enlever à
leurs négociations ce caractère de criminalité et par imposer au public
le respect des engagements conclus par leur intermédiaire, en leur ac-
cordant la présomption légale de bonne foi et en proclamant l'autorité
de leurs actes !

On dit aussi que des agents de change ont été, pour leur propre
compte, parties intéressées dans des spéculations, et l'on objecte à la
reconnaissance des marchés à terme les facilités nouvelles qu'un semblable abus y trouverait. Que de malheureux précédents aient pu, avec
plus ou moins de fondement, servir de texte à cette assertion, la con-
clusion n'en est pas moins inadmissible.

La légalité ou l'illégalité du marché à terme n'exerce aucune influence sur des faits de cette nature. Est-ce que jamais l'agent de
change demandera à la justice la sanction de semblables opérations?
On oublie que, s'il s'y laissait entraîner, il manquerait aux devoirs
essentiels de sa charge, qu'il enfreindrait, non pas les dispositions des
arrêts ou lois qui concernent les opérations à terme, mais celles qui
prohibent les opérations personnelles (1) : quelles qu'en fussent les
conditions, l'agent de change serait coupable et encourrait l'application
de mesures disciplinaires et même correctionnelles.

Aussi les commerçants les plus expérimentés ont-ils affirmé, avec
raison, devant la commission, que l'exception de jeu, loin d'être un
frein pour la spéculation, en est l'encouragement; que la reconnaissance du marché à terme moraliserait la Bourse en faisant réfléchir les
spéculateurs sur les suites de leurs engagements, au lieu de les pousser,
comme le régime actuel, à des témérités dont l'impunité est aujour-
d'hui d'autant plus certaine qu'elles ont été plus extravagantes; enfin
que beaucoup de gens de Bourse, plus préoccupés du nombre que de la
moralité des affaires, sont opposés à une mesure qui diminuerait for-
cément le chiffre des négociations.

Qu'il me soit permis de citer ici, sur cette question des marchés à
terme depuis si longtemps agitée, l'opinion exprimée, à des époques

---

(1) Arrêté du 27 prairial an X, art. 10. — Code de commerce, art. 85-87.

différentes, par trois hommes dont les noms appartiennent à l'histoire au double point de vue de la politique et des finances.

« Déclarer nuls tous les marchés à terme, écrivait Mirabeau à M. de « Calonne, en 1787, c'est confondre dans une même proscription des « marchés de jeux, de pur agiotage, avec les opérations les plus sages, « les plus réelles, les plus licites, et peut-être les plus utiles sous tous « les rapports. C'est assimiler les joueurs équivoques, que dis-je? « ceux-là même qui sont déjà le plus complétement déshonorés, avec « les capitalistes les plus accrédités et les plus sages; c'est ne venir au « secours que d'une espèce d'hommes dangereuse et méprisable, ceux « qui ne sont nullement jaloux de leur parole, car les autres regarde- « raient un arrêt d'annihilation comme une affreuse calamité... Le « crédit de la nation sera-t-il en danger si, pour sauver quelques agio- « teurs, on ne sacrifie pas les négociants honnêtes qui ont avancé leurs « capitaux? La chute de quelques agioteurs est de nulle importance. « Ce qui importe au crédit de la nation, c'est qu'aucune ruine ne soit « opérée en vertu d'un édit souverain qui ordonne la mauvaise foi; « ruine d'autant plus fatale qu'elle fait taire la leçon de l'expérience, « tandis que la ruine, qu'on ne peut attribuer qu'à la propre folie de « ses victimes, enseigne enfin la sagesse (1). »

« Il est vrai, disait en 1801 le comte Mollien, en discutant avec le « Premier Consul la question des marchés à terme, que ces marchés ont « été proscrits avant la Révolution par un arrêt du Conseil; mais, lors- « qu'on voit qu'ils n'ont jamais été plus nombreux que depuis cette « époque, on pourrait se demander si c'est la loi ou les marchés à « terme qu'il faut accuser. Quand on considère ensuite la marche de « toutes les transactions civiles, on voit que tout se résout en marchés « à terme; c'est par eux que les villes sont approvisionnées, que les « armées s'entretiennent; c'est sur eux que reposent toutes les grandes « combinaisons du commerce; on applaudit à l'habileté du négociant « qui achète des denrées pour une somme décuple de ses capitaux, « parce qu'il a tellement calculé les besoins de la consommation, que « la vente est assurée pour lui avant l'échéance des termes qu'il a pris « pour les payements.

---

(1) *Mémoires de Mirabeau*, publiés par M. Lucas de Montigny, tome IV, p. 227 et suiv.

« Pourquoi ce qui est en honneur sur toutes les places de l'Europe
« ne serait-il pas légitime dans le lieu qu'on appelle la Bourse? Objec-
« tera-t-on qu'à la Bourse les marchés à terme ne sont pas sérieux?
« Faudra-t-il donc renoncer aux lettres de change parce que de mau-
« vais commerçants en abusent? ....

« Si des abus se sont introduits dans les transactions de Bourse, on
« doit surtout en accuser la jurisprudence qui les place hors du domaine
« de la loi, s'ils violent la foi publique, les tribunaux doivent d'autant
« moins se refuser à en prendre connaissance ; leur devoir est de re-
« chercher et de punir cette violation.

« Quand un homme libre a pris des engagements téméraires, c'est
« dans leur exécution qu'il doit trouver la peine de son imprudence ou
« de sa mauvaise foi, l'efficacité de la peine est dans l'exemple qu'elle
« laisse ; et certes, ce n'était pas un bon exemple donné par la juris-
« prudence de 1786, que l'annulation du corps du délit au profit du plus
« coupable. Les marchés de Bourse ont un caractère particulier, c'est
« que les deux contractants, qui ne se connaissent pas, s'obligent par la
« médiation d'un agent de change qui est l'homme de la loi ; il est res-
« ponsable devant la loi de tous ses actes ; il n'en est donc aucun qu'elle
« doive refuser de juger. . . . .
. . . .

« Je ne prétends pas conclure que les marchés à terme sont exempts
« d'abus, mais je demande, pour réprimer ces abus, que les contrac-
« tants soient jugés selon la loi commune des contrats (1). » . . . .

« Je demande », disait M. de Villèle, ministre des finances, à la
séance de la Chambre des députés du 30 avril 1824, « comment, avec
« la nécessité qui vous est imposée dans notre système financier de
« soutenir le crédit public pour se ménager la facilité d'emprunter dans
« des cas extraordinaires, comment, dis-je, il est possible de concevoir
« une nature d'effets publics qui ne donne pas prise à l'agiotage?. . . . .
« qu'est-ce qui produit l'agiotage ? ce sont les chances de hausse et de
« baisse ; si vous ôtez ces chances vous tuez le crédit. . . . . .
« Il n'y a qu'un moyen de tuer l'agiotage, c'est de renoncer à votre

---

(1) Mémoires déjà cités, pages 256 et suivants.

« système de crédit. Mais tant que vous sentirez, comme nous, l'indis-
« pensable nécessité, pour un pays comme la France, de pouvoir recou-
« rir à des emprunts, le jour où sa sûreté peut l'exiger ou même sa
« prospérité le lui demander, il faut bien conserver tous vos moyens de
« crédit, quand vous voyez surtout d'autres pays avoir à leur disposition
« des moyens assez forts pour vous attaquer ou pour lutter avec vous.
« Tant que vous sentirez la nécessité de conserver cette ressource extra-
« ordinaire du crédit pour les circonstances extraordinaires, vous
« êtes soumis à la pénible condition d'en subir les conséquences
« fâcheuses, celles de l'agiotage. C'est un mal sans doute, mais qui
« porte avec lui son remède. On vous a fait l'énumération de toutes les
« personnes qui vont agioter à la Bourse. Je ne crains pas de le dire :
« tous ceux dont ce n'est pas le métier ou la condition y laisseront
« leur fortune (vive sensation). (1) »

La reconnaissance du marché à terme, dont l'utilité s'appuie de tels
témoignages, auxquels se joindraient, au besoin, des autorités plus
récentes (2), se recommande aussi par des considérations d'un autre
ordre.

A une époque où les principes de la liberté commerciale reçoivent
partout une large application, où les entraves séculaires imposées à
l'industrie tombent de toutes parts, où les transactions sont affranchies
d'une protection surannée, aussi contraire au perfectionnement des
moyens de production que nuisible aux intérêts de la consommation
nationale, où l'activité individuelle, débarrassée d'une réglementation
stérile, ne connaît plus, dans le vaste champ des affaires, que les
limites du droit commun, il ne paraît pas logique que le gouvernement se réserve, en matière de valeurs mobilières, une sorte de tutelle
des intérêts particuliers, au lieu d'en laisser l'entière direction à la
responsabilité personnelle et au risque d'assumer lui-même, dans une
certaine mesure, la responsabilité des fautes et des malheurs privés.

Il est au moins étrange que les effets publics soient seuls l'objet de
restrictions et restent soumis à un régime tout exceptionnel, comme s

---

(1) *Moniteur* du 1er mai 1824, p. 516.
(2) Thiers, *De la Propriété*, p. 126 et suiv. — Berryer, *Gazette des Tribunaux*, 3 août 1859.
— Troplong, *Des contrats aléatoires*, nos 102-151.

ces effets n'étaient pas aujourd'hui reconnus marchandises, comme s'ils ne devaient pas profiter de toutes les facilités données aux marchandises, par cela même qu'ils demandent plus de ménagement, qu'ils manifestent plus de sensibilité et qu'ils servent en quelque sorte de mesure pour toutes les valeurs mobilières et immobilières. Il y a là une contradiction économique qui ne peut pas tarder à disparaître en France, sous peine de placer notre marché dans de fâcheuses conditions d'infériorité.

La Bourse de Paris n'est plus aujourd'hui un marché local, ni même national seulement; c'est un marché international, c'est le grand marché régulateur de l'Europe. Elle ne doit cette situation avantageuse, le mouvement immense et fécond de capitaux dont elle est le centre, qu'aux facilités et à la sécurité qu'y offrent les négociations.

Ces facilités, elles résident dans la pratique du marché à terme; mais elles manquent de fondement légal. Il importe, par la reconnaissance explicite de cette nature d'opérations, d'en fixer solidement le principe livré maintenant à l'appréciation variable des tribunaux. Autrement, qui peut affirmer qu'elles ne seraient pas quelque jour restreintes par une nouvelle interprétation de la jurisprudence?

Cette sécurité, elle repose sur l'organisation puissante de la compagnie des agents de change, qui, jusqu'à ce jour, est intervenue pour régler et acquitter, de ses propres deniers, la liquidation de ceux de ses membres qui se trouvaient compromis par la mauvaise foi de leurs débiteurs. Mais ce concours onéreux a des limites. La chambre syndicale a affirmé, par l'organe du syndic, que les immenses sacrifices imposés à la Compagnie par la liquidation des mois de juin et juillet derniers (1) ne pourraient pas être renouvelés, si l'on ne donnait pas à l'agent de change, dont les engagements envers les clients de ses confrères sont toujours exécutés, le droit de poursuivre toujours l'exécution des engagements pris pas ses clients envers lui-même. N'a-t-on pas déjà vu, à cette époque, s'élever, au sein de la Compagnie, contre la répartition entre tous ses membres d'obligations individuelles en souffrance, une opposition qui n'a cédé que devant la démission de la chambre syndicale tout entière?

---

(1) A la suite des évènements d'Allemagne.

Des motifs de sage prévoyance conseillent donc également de reconnaître les opérations à terme et d'éviter ainsi les désastreux résultats qu'aurait pour le marché français, dans un moment de crise commerciale, l'inexécution des engagements d'agents de change ruinés par les refus de payement de leur clientèle.

Une des plus graves conséquences serait une émigration de capitaux vers les bourses étrangères où la législation offre plus de garanties.

. La France n'aime pas à attendre une règle de conduite de l'exemple des autres nations : elle ouvre volontiers la voie au progrès. Mais, en étudiant les documents transmis par le Ministre des affaires étrangères au Ministre des finances et à la commission, on est forcé de reconnaître que, en ce qui touche les opérations de Bourse, notre législation est restée fort en arrière.

Si l'on excepte la Belgique, régie par nos lois et encore réduite en ce point à l'interprétation favorable de la jurisprudence, on ne rencontre aucune prohibition légale des marchés à terme, ni à Vienne, où ces opérations reposent uniquement sur le crédit et la confiance que s'inspirent l'acheteur et le vendeur, lesquels sont mis en présence par l'agent de change non responsable et peuvent s'actionner devant le tribunal de commerce,—ni à Berlin, où les marchés à terme (admis pour les fonds prussiens seulement) donnent à la partie lésée, en cas d'inexécution et pendant six semaines à partir de la date fixée pour la livraison, le droit de poursuivre en justice l'autre contractant,—ni à Amsterdam, à Hambourg ou à Francfort, où l'esprit éminemment commerçant de la population considérerait comme vexatoire toute loi tendant à restreindre la liberté des transactions ; où, par une conséquence logique, les opérations à terme ne sont soumises à d'autres conditions que celles qui régissent les obligations conventionnelles en général.

Malgré son respect des lois anciennes qui fait partie de son culte pour les traditions, malgré la tendance de ses juristes à l'abolition tacite des lois par la désuétude, plutôt qu'à la révocation expresse dans des dispositions nouvelles, l'Angleterre n'a pas cru pouvoir laisser debout, quoique inappliqué, l'acte du Parlement de la septième année du règne de Georges II (1734), qui interdisait les marchés à terme sous peine d'une amende de 500 liv. ster. Une loi de la vingt-troisième année du règne de la reine Victoria (1860) l'a formellement abrogé. Assimilées aux autres transactions par la levée pure et simple de cette ancienne interdiction, les opérations de Bourse donnent aux courtiers (*brockers*) l'action en payement des différences dues pour affaires à terme (*for the account*).

La même année que l'Angleterre, mais sous une forme plus affirmative encore du principe de la liberté commerciale, la Suisse, par la loi du 29 février 1860, ne se contentait pas d'abroger les articles 421 et 422 du Code pénal ; elle reconnnaissait expressément toutes les ventes à terme conclues à la Bourse de Genève comme opérations légales, déclarait qu'elles peuvent se résoudre par des différences et même, que l'art. 1965 ne pourrait être interprété comme applicable à ces marchés.

La modification, dans un sens plus libéral, de notre régime actuel ne pourrait donc pas être considérée comme une dangereuse innovation.

Dans les observations qui précèdent, je n'ai parlé ni des opérations à terme sur marchandises, ni des marchés à terme sur valeurs conclus sans intervention d'agent de change.

Pour l'expliquer, je pourrais rappeler que la commission est chargée d'examiner la question des *marchés à terme*, expression qui semble exclure tout d'abord les opérations sur marchandises auxquelles l'usage a donné le nom de *marchés à livrer* ; je pourrais aussi faire remarquer que la commission, comme celles chargées précédemment de préparer le règlement prévu par le Code de commerce, a été instituée par le Ministre des finances, ce que peut seul justifier ce motif, que les parquets d'agents de change sont soumis à son autorité. S'il s'était agi d'opérations autres que celles sur effets publics ou valeurs négociables par les agents de change, ce n'est pas ce Ministre seul, mais aussi le Ministre du commerce que la question eût concerné. C'est donc à lui qu'eût été réservé le droit de consulter la commission sur des matières qui sont dans les attributions exclusives de son département.

Sans les écarter complétement, je n'attache à ces raisons de forme qu'une importance secondaire. Descendant plus au fond des choses, je constate que la législation sur les effets publics, dont la modification est depuis si longtemps réclamée, est inapplicable aux marchandises. La légalité des ventes à terme de marchandises n'a jamais été mise en doute, depuis la publication de nos Codes. Comment exiger en vertu des art. 421 et 422 du Code pénal la possession des objets vendus, puisque ces articles ne concernent pas les marchandises? Les principes posés par l'art. 1965 du Code Napoléon sur le jeu sont la seule base d'admission ou de rejet de l'action. Aucun intermédiaire légal n'est engagé ; les conventions se lient entre des parties mises en présence.

Il existe donc une profonde différence entre les deux situations.

Depuis quelques années seulement, par une assimilation avec les opérations sur les valeurs industrielles (assimilées elles-mêmes aux effets publics dont l'art. 422 s'occupe uniquement), l'exception de jeu a été opposée pour des différences provenant d'opérations en marchandises. A ceux qui penseraient que les tribunaux ont peut-être admis trop facilement l'assimilation, je répondrai qu'une modification dans les règles applicables aux valeurs réagirait incontestablement sur la jurisprudence appliquée aux marchandises. En tout cas, j'en attendrais le résultat. Pour le moment, il ne me paraît pas qu'il y ait lieu d'édicter de nouvelles dispositions sur les marchés à livrer ; ils sont soumis au droit commun, je n'en demanderais pas davantage pour les marchés à terme.

Quant aux opérations à terme sur effets publics et valeurs industrielles, engagées directement entre deux personnes, sans intermédiaire d'agents de change, je ne considère pas qu'elles appellent une garantie aussi énergique que celles qui ont été conclues au parquet. En se dispensant de recourir aux formes authentiques déterminées par la loi, les parties se sont volontairement soumises à des conditions moins favorables. C'est en pleine connaissance de cause qu'elles ont traité ensemble et qu'elles se sont abandonnées à la foi mutuelle. Quoi de plus juste que de leur imposer plus rigoureusement la responsabilité de leur imprudence, si leur confiance a été mal placée ?

Car, ou l'intervention des agents de change est inutile, ou leurs actes doivent produire un effet dont la simple convention entre les parties ne soit pas aussi sûrement suivie.

Cet effet, c'est la solidité du contrat, c'est la certitude de l'exécution, c'est le caractère de marchés sérieux, c'est enfin — ou du moins, dans mon opinion, ce devrait être — la sanction judiciaire.

Je serais donc très-porté à conserver une grande latitude d'appréciation aux tribunaux, lorsqu'il s'agit de marchés dans lesquels l'absence d'officiers publics facilite la connivence des parties intéressées et ouvre une plus large porte aux abus.

Tels sont les motifs qui, dans ma pensée, pourraient décider la Commission à s'en tenir aux opérations contractées par le ministère des agents de change. Si elle admettait la reconnaissance des marchés à terme dans cette limite, il resterait à en discuter la formule.

Faudrait-il l'intervention du pouvoir législatif?

Suffirait-il d'un acte de l'autorité administrative?

Après avoir longtemps réclamé la publication pure et simple du règlement promis par le Code de commerce, les agents de change ont, en 1864, modifié leurs propositions et sollicité du Ministre des finances l'abrogation des art. 421 et 422 du Code pénal (1). Le Ministre s'est associé à leur pensée et l'a appuyée auprès du Ministre de la justice, en invoquant son concours pour ce changement de législation (2).

Mais, à moins d'une absolue nécessité, il est sage d'éviter un appel au pouvoir législatif. On sait avec quelle facilité les questions se passionnent dans les assemblées nombreuses, surtout lorsqu'il s'agit d'affaires sur lesquelles l'opinion publique n'est pas suffisamment éclairée, et conserve de fâcheuses préventions. Dans de telles circonstances, d'anciens préjugés, dont une étude approfondie des choses, impossible dans la rapidité de la discussion, pourrait seule détruire la persistance, triomphent quelquefois des raisons les plus solides.

C'est cette considération qui avait déterminé la Commission de 1843, lorsqu'elle décidait, à l'unanimité (3), qu'il ne convenait de demander aux Chambres ni la suppression de l'art. 1965 du Code Napoléon, ni

---

(1) Lettre de la Chambre syndicale au Ministre des finances, 8 mars 1864.

(2) Lettre du Ministre des Finances déjà citée, 7 juillet 1864.

(3) Cette Commission était composée de MM. LACAVE-LAPLAGNE, Ministre des Finances, *président ;* LAPLAGNE-BARRIS et le comte D'ARGOUT, pairs de France ; HÉBERT, F. DELESSERT et LEBOBE, Députés ; RIELLE, Conseiller-maître à la Cour des Comptes ; SIMONNEAU, Président, et PERROT DE CHEZELLES, Conseiller à la Cour royale ; DEVINCK, Juge au Tribunal de Commerce ; MOLLOT, Avocat ; VANDERMARQ et COURPON, Agents de change, MONTANIER, Directeur du mouvement général des fonds ; BAILLY, Directeur de la Dette inscrite : DE GOUTTES, Sous-Chef à la Dette inscrite, *secrétaire.*

celle des art. 421 et 422 du Code pénal ; qu'il suffisait du règlement prescrit par le Code de commerce, lequel règlement, afin d'éviter le retour des décisions divergentes des tribunaux sur la validité des actes antérieurs à 1789, en prononcerait l'abrogation. La Commission de 1856 a discuté la même question et aussi nettement repoussé le recours au pouvoir législatif (1).

Également convaincu de la difficulté d'obtenir le vote d'une loi et la jugeant néanmoins indispensable, en présence des arrêts de 1785 et 1786 que laisseraient subsister, dans son opinion, la publication d'un règlement administratif et même l'abrogation des art. 421 et 422, le Ministre de la justice, dans sa réponse au Ministre des finances (2), s'est particulièrement préoccupé du meilleur moyen de ménager à un projet de loi l'accueil le moins défavorable. Il lui a paru que, si la présentation en coïncidait avec l'adoption des dispositions réglementaires sur la négociation des fonds publics, il serait moins exposé à rencontrer une opposition fondée sur des préventions contre les agents de change, seuls bénéficiaires, en apparence, de l'abrogation qu'ils ont demandée.

Il est incontestable qu'une législation nouvelle et complète serait, si on pouvait la faire admettre, plus satisfaisante : un jour viendra probablement où l'opinion, mieux préparée, la réclamera d'elle-même ; mais je suis d'avis qu'il faut commencer par l'expérience du règlement.

D'accord avec les Commissions antérieures, j'estime que ce règlement pourra, sans recours à la loi, abroger les arrêts du conseil de 1785 et 1786, et que les art. 421 et 422, simples dispositions pénales depuis longtemps tombées en désuétude, n'opposeraient pas d'obstacle sérieux à des prescriptions administratives utiles et efficaces au point de vue de l'action civile.

---

(1) Cette Commission était composée de MM. MAGNE, Ministre des Finances, *président ;* BOIN-VILLIERS, Président au Conseil d'État ; DE ROYER, procureur général impérial près la Cour de Cassation ; GRIMOULT, Président du Tribunal de Commerce ; SERVEUX, Secrétaire général des Finances ; ANDOUILLÉ, Directeur du mouvement général des fonds ; ANDREY, Directeur de la Dette inscrite ; BILLAUD, Syndic des Agents de change ; DE GOUTTES, Chef de b reau à la Dette inscrite; *secrétaire.*

(2) Lettre du 24 septembre 1864 déjà citée.

6

On a pu autrefois se demander si le Code pénal de 1810 n'avait pas implicitement révoqué le pouvoir dont, en 1807, le Code de commerce avait investi le gouvernement, de réglementer les négociations d'effets publics : un tel argument n'aurait plus de base depuis que la loi du 2 juillet 1862 a de nouveau formulé la même délégation. Il serait donc sage à l'Administration d'user d'abord des moyens prévus par le législateur, et de n'invoquer sa solennelle intervention qu'après avoir épuisé les ressources à sa portée.

Ma conviction, je le répète, c'est que l'adoption d'un règlement modifiera la jurisprudence. S'il en était autrement, si elle persistait à puiser dans le droit pénal, qui n'est que la sanction et non le principe du droit commercial, des motifs de décisions contraires à des dispositions prises en vertu du Code de commerce, le Gouvernement se présentera avec plus de fermeté et plus de chances de succès devant le Corps législatif, lorsqu'il viendra lui dire : « Nous avons fait tout ce que la loi nous auto- « risait à faire ; l'expérience a démontré l'impuissance de nos efforts. « Que le législateur accepte donc la responsabilité du mal auquel il est « prouvé qu'il est seul en mesure de porter remède ! »

Pour conclure, je suis d'avis d'inviter M. le Ministre des Finances à faire étudier et préparer un règlement d'administration publique, où la reconnaissance des marchés à terme reposerait sur les bases principales suivantes :

Les négociations sur effets publics et autres valeurs cotées à la Bourse pourraient avoir lieu à terme, comme au comptant, sous des conditions de maximum de délai et de minimum de chiffre, à déterminer suivant l'usage ;

L'acheteur conserverait la faculté d'abréger le délai et d'exiger la livraison du titre à toute époque, en payant le prix convenu ;

En cas d'inexécution d'un marché à terme, comme au comptant, l'agent de change intéressé pourrait, dans un délai à fixer et par l'entremise de la chambre syndicale, faire revendre ou racheter les valeurs, objet de la négociation, aux risques et périls du client en retard ;

Le montant de la différence qui pourrait résulter de la variation des cours au préjudice du réclamant ne lui serait payé que sur le vu du bordereau délivré par l'agent de change que la chambre syndicale aurait délégué ;

Les anciens règlements, arrêts du conseil, etc., antérieurs à 1789, seraient abrogés en ce qui concerne les négociations de Bourse.

Que si l'on me demande quelles dispositions de loi pourraient, dans le cas où la pratique constaterait l'insuffisance d'un règlement d'administration publique, être proposées au Corps législatif, je les résumerais en ce sens :

Les marchés à terme sur effets publics ou autres valeurs cotées à la Bourse sont reconnus obligatoires;

Ces marchés peuvent se résoudre par des différences, s'il est justifié que, à l'échéance du terme et sur le refus d'exécution, la partie lésée a racheté d'un tiers les titres non livrés, ou revendu les titres non levés par l'autre partie ;

Les dispositions des lois, etc., etc., antérieures sont abrogées en ce qu'elles ont de contraire à la présente loi.

Typ. Charles de Mourgues frères, rue J.-J. Rousseau, 8. — 3720.